essentials

W0256473

Essentials liefern aktuelles Wissen in konzentrierter Form. Die Essenz dessen, worauf es als „State-of-the-Art" in der gegenwärtigen Fachdiskussion oder in der Praxis ankommt. Essentials informieren schnell, unkompliziert und verständlich

- als Einführung in ein aktuelles Thema aus Ihrem Fachgebiet
- als Einstieg in ein für Sie noch unbekanntes Themenfeld
- als Einblick, um zum Thema mitreden zu können.

Die Bücher in elektronischer und gedruckter Form bringen das Expertenwissen von Springer-Fachautoren kompakt zur Darstellung. Sie sind besonders für die Nutzung als eBook auf Tablet-PCs, eBook-Readern und Smartphones geeignet.

Essentials: Wissensbausteine aus Wirtschaft und Gesellschaft, Medizin, Psychologie und Gesundheitsberufen, Technik und Naturwissenschaften. Von renommierten Autoren der Verlagsmarken Springer Gabler, Springer VS, Springer Medizin, Springer Spektrum, Springer Vieweg und Springer Psychologie.

Frank Balsliemke

Kostenorientierte Wertstromplanung

Prozessoptimierung in Produktion und Logistik

Frank Balsliemke
Hochschule Osnabrück
Osnabrück
Deutschland

ISSN 2197-6708 ISSN 2197-6716 (electronic)
essentials
ISBN 978-3-658-08698-5 ISBN 978-3-658-08699-2 (eBook)
DOI 10.1007/978-3-658-08699-2

Die Deutsche Nationalbibliothek verzeichnet diese Publikation in der Deutschen Nationalbibliografie; detaillierte bibliografische Daten sind im Internet über http://dnb.d-nb.de abrufbar.

Springer Gabler
© Springer Fachmedien Wiesbaden 2015
Das Werk einschließlich aller seiner Teile ist urheberrechtlich geschützt. Jede Verwertung, die nicht ausdrücklich vom Urheberrechtsgesetz zugelassen ist, bedarf der vorherigen Zustimmung des Verlags. Das gilt insbesondere für Vervielfältigungen, Bearbeitungen, Übersetzungen, Mikroverfilmungen und die Einspeicherung und Verarbeitung in elektronischen Systemen.
Die Wiedergabe von Gebrauchsnamen, Handelsnamen, Warenbezeichn usw. in diesem Werk berechtigt auch ohne besondere Kennzeichnung nicht zu der Annahme, dass solche Namen im Sinne der Warenzeichen- und Markenschutz-Gesetzgebung als frei zu betrachten wären und daher von jedermann benutzt werden dürften.
Der Verlag, die Autoren und die Herausgeber gehen davon aus, dass die Angaben und Informationen in diesem Werk zum Zeitpunkt der Veröffentlichung vollständig und korrekt sind. Weder der Verlag noch die Autoren oder die Herausgeber übernehmen, ausdrücklich oder implizit, Gewähr für den Inhalt des Werkes, etwaige Fehler oder Äußerungen.

Gedruckt auf säurefreiem und chlorfrei gebleichtem Papier

Springer Fachmedien Wiesbaden ist Teil der Fachverlagsgruppe Springer Science+Business Media (www.springer.com)

Was Sie in diesem Essential finden können

- Ein Konzept, das Verbesserungspotenziale im Rahmen schlanker Produktion nicht nur identifiziert, sondern auch ihr jeweiliges Potenzial zur Kostensenkung anschaulich aufzeigt.
- Informationen zu einer kostenorientierten Ergänzung der Wertstromplanung.
- Grundlegende Unterschiede zwischen Wertschöpfung und Verschwendung in der schlanken Produktion.
- Hinweise zur vereinfachten Identifikation von Verschwendung in Produktion und Logistik.

Vorwort

Heute besteht eine besondere Herausforderung für nahezu sämtliche Unternehmen darin, individuelle Kundenwünsche durch die Fertigung zahlreicher Varianten in geringer Stückzahl bei einer immer kürzeren Lebensdauer der Produkte und einem gleichzeitig steigenden Kostendruck zu befriedigen. Um erfolgreich zu sein, müssen Unternehmen ihre Prozesse kontinuierlich verbessern und immer neue Potenziale zur Kostensenkung identifizieren. Im Sinne einer schlanken Produktion besteht das Ziel in einer möglichst weitgehenden Reduzierung der nicht wertschöpfenden Tätigkeiten im gesamten Wertstrom vom Lieferanten bis zum Endkunden.

Für die Betrachtung der gesamten Prozesskette stehen verschiedene Werkzeuge zur Verfügung. Ein vor allem in der Automobilindustrie weit verbreitetes und erprobtes Instrument zur graphischen Darstellung eines Wertstroms ist die so genannte Wertstromplanung. Durch den Einsatz der Wertstromplanung werden in der Industrie bereits erhebliche Verbesserungspotenziale erkannt und mindestens teilweise auch umgesetzt. Für eine Realisierung der identifizierten Maßnahmen ist es allerdings notwendig, die erforderlichen personellen und finanziellen Mittel zur Verfügung zu haben bzw. die vorhandenen knappen Ressourcen optimal einzusetzen. Dabei besteht nicht selten die größte Schwierigkeit darin, dass die Frage nach dem Nutzen einzelner Maßnahmen anhand des Wertstroms zwar im Sinne eines verbesserten Materialflusses aufgezeigt werden kann, eine fundierte Aussage über die damit verbundenen Kosten aber allein auf dieser Grundlage nicht möglich ist. Dies führt oft zur Ablehnung von Projekten, die im Falle einer Realisierung durchaus zu einer Verbesserung des Wertstroms beigetragen hätten.

Deshalb wird mit der kostenorientierten Wertstromplanung ein Ansatz vorgestellt, der die Wertstromplanung mit einer Kostenplanung verbindet. Zusätzlich zum Material- und Informationsfluss wird dabei die Entwicklung der Stückkosten im Prozessverlauf und damit der Kostenzuwachs der Produkte entlang der operativen Prozesskette dargestellt. Dadurch erhalten die für den Wertstrom verantwortlichen Entscheidungsträger detaillierte Informationen nicht nur über die Material- und Informationsflüsse in ihrem Bereich, sondern auch über die zugehörigen wesentlichen Kosten und ihre Ursachen.

Dieses Essential basiert auf einem Beitrag, der in dem von Ingrid Göpfert, David Braun und Matthias Schulz herausgegebenen Band „Automobillogistik", erschienen in zweiter Auflage 2013 bei Springer Gabler, enthalten ist. Für die Veröffentlichung in der Reihe Essentials wurde der Beitrag überarbeitet und aktualisiert.

Inhaltsverzeichnis

1 Einleitung

Heute besteht eine besondere Herausforderung für nahezu sämtliche Unternehmen darin, individuelle Kundenwünsche durch die Fertigung zahlreicher Varianten in geringer Stückzahl bei einem gleichzeitig steigenden Kostendruck zu befriedigen. Um erfolgreich zu sein, müssen alle am Markt agierenden Unternehmen immer neue Potenziale zur Kostensenkung identifizieren und damit eine kontinuierliche Verbesserung gewährleisten. Die zu diesem Zweck einzusetzenden Methoden und Instrumente müssen in besonderer Weise die gesamte Prozesskette in Produktion und Logistik erfassen können, da eine isolierte Reduzierung zum Beispiel einzelner Logistikkosten (etwa Lager- oder Transportkosten) nicht zwingend zu einer Verringerung der Gesamtkosten führen muss. Ursächlich dafür ist, dass gegenläufige Tendenzen bei logistischen Problemen zu Zielkonflikten führen können: Eine Kostenreduzierung an einer Stelle bewirkt dann Kostensteigerungen an anderen Stellen. So könnten zum Beispiel die Kosten aufgrund von Fehlmengen gesenkt werden, wenn ein entsprechend hoher Lagerbestand eingerichtet wird; gleichzeitig steigen dann allerdings die Lagerkosten überproportional an.

Methoden und Instrumente zur Reduzierung der Kosten sind deshalb insbesondere dann erfolgreich, wenn sie den gesamten Wirkungszusammenhang in einer Prozesskette in die Betrachtung einbeziehen und auf ein gemeinsames Ziel ausrichten. Insellösungen sind zu vermeiden. Insbesondere in der Automobilindustrie kommt zu diesem Zweck die so genannte Wertstromplanung zum Einsatz. Durch diese, zumeist im Rahmen der Umsetzung schlanker Produktionssysteme eingesetzte Methode, lassen sich durchaus erhebliche Verbesserungspotenziale in der Produktion erkennen. Für eine Realisierung der identifizierten Maßnahmen ist es allerdings notwendig, die erforderlichen personellen und finanziellen Mittel zur

© Springer Fachmedien Wiesbaden 2015

F. Balsliemke, *Kostenorientierte Wertstromplanung,* essentials,
DOI 10.1007/978-3-658-08699-2_1

Verfügung zu haben und diese zumeist knappen Ressourcen optimal einzusetzen. Die damit eng verbundene Frage nach dem Nutzen einzelner Maßnahmen kann anhand der Wertstromplanung zwar im Sinne eines verbesserten Materialflusses beantwortet werden. Eine quantitativ fundierte Aussage über die sich daraus ergebenden Kostenveränderungen ist nicht möglich.

In den folgenden Kapiteln wird deshalb ein Ansatz entwickelt und dargestellt, der die mengen- und zeitorientierte Wertstromplanung (Mengengerüst) explizit um die Darstellung der Herstellkosten (Wertgerüst) erweitert. Damit wird es möglich, für die jeweiligen Halb- und Fertigfabrikate außer dem Material- und Informationsfluss auch den Kostenzuwachs entlang der operativen Prozesskette in Fertigung und Logistik darzustellen. Die für den Wertstrom verantwortlichen Entscheidungsträger erhalten auf diese Weise detaillierte Informationen nicht nur über die Material- und Informationsflüsse in ihrem Bereich, sondern auch über die zugehörigen wesentlichen Kosten und ihre Ursachen.

Zur Herleitung des Konzepts wird im Folgenden zunächst der Begriff der Verschwendung erläutert, wie er im Rahmen der so genannten Lean Production bzw. der schlanken Produktion Verwendung findet, da genau diese Verschwendung in der inner- und überbetrieblichen Prozesskette zu eliminieren ist. Anschließend zeigt Kap. 2, wie die Wertstromplanung zur Identifizierung und Reduzierung von Verschwendung beitragen kann. Aus der mangelnden Kostenperspektive der Wertstromplanung ergibt sich dann aber die Notwendigkeit einer Erweiterung. Um einen diesbezüglichen Ansatz entwickeln zu können, wird zunächst in Kap. 3 die so genannte Wertzuwachskurve erläutert. Diese Wertzuwachskurve wird dann in Kap. 4 konstruktiv in eine erweiterte Wertstromplanung einbezogen. Eine kurze Zusammenfassung und ein Ausblick schließen die Ausführungen ab.

2 Verschwendung im Rahmen der Lean Production

Das so genannte Toyota Produktionssystem (TPS) hat aufgrund seiner Tendenz, eine sehr kostengünstige Produktion zu ermöglichen, weltweite Aufmerksamkeit gefunden. Es wird mittlerweile durchaus auch in Europa und Nordamerika erfolgreich eingesetzt. Die intensive Beschäftigung mit der Thematik wurde vor allem durch die Veröffentlichung der bekannten Studie des Massachusetts Institute of Technology (MIT) ausgelöst, in der die Verfasser *Womack* und *Jones* das Toyota Produktionssystem im Vergleich mit anderen Produktionssystemen darstellen und erläutern.[1] Die Begriffe *Lean Production* bzw. *schlanke Produktion* sind seitdem vielfach verwendete Synonyme für das Toyota Produktionssystem.

Als Ausgangspunkt der folgenden Überlegungen werden zunächst die wesentlichen Elemente der Lean Production skizziert. Nach *Taichi Ohno*, dem Begründer des Toyota-Produktionssystems, ist das Ziel die Vermeidung jeglicher Verschwendung (japanisch: **Muda**) in Produktion und Logistik.[2] Jede Tätigkeit, die den Wert eines Produktes aus Kundensicht nicht erhöht, ist **Verschwendung** und als solche zu vermeiden. Optimiert und gefördert werden lediglich die werterhöhenden Aktivitäten. Sie verändern Materialien und Zwischenprodukte entsprechend der preis- und absatzrelevanten Kundenanforderungen. Beispiele sind das Schmieden von Rohmaterial, Schweißen oder Lackieren und die Montage der vorgefertigten Einzelteile. Über die enge Definition von *Ohno* hinaus hat sich in der betriebli-

[1] Vgl. Womack et al. (1992). Die Buchveröffentlichung erreicht bis heute weltweite Aufmerksamkeit und ist in deutscher Sprache unter dem Titel „Die zweite Revolution in der Automobilindustrie“ bekannt.

[2] Vgl. Ohno (2013), S. 96 ff.

© Springer Fachmedien Wiesbaden 2015

F. Balsliemke, *Kostenorientierte Wertstromplanung,* essentials,
DOI 10.1007/978-3-658-08699-2_2

chen Praxis eine detailliertere Differenzierung der Verschwendung durchgesetzt. Dabei werden die nicht wertschöpfenden Tätigkeiten in einen verdeckten und einen offensichtlichen Teil unterschieden. **Verdeckte Verschwendung** leistet keinen wertsteigernden Anteil am Produkt, ist aber unter den gegebenen Umständen zunächst nicht zu vermeiden. Beispiele sind etwa das Umrüsten von Maschinen bei mehreren Produktarten oder das Zurückfahren einer technischen Anlage in die Ausgangsposition. Der Anteil dieser Tätigkeiten kann lediglich reduziert werden. **Offensichtliche Verschwendung** dagegen sollte sofort und unmittelbar aus dem Prozess eliminiert werden. Typische Beispiele in dieser Kategorie sind eine doppelte Handhabung von Teilen, Suchvorgänge, störungsbedingte Wartezeiten oder lange Transportwege zum Heranholen benötigter Materialien.

Als Bestandteile der beiden dargestellten Ebenen von Muda werden sowohl in der Literatur als auch in der betrieblichen Praxis zumeist die folgenden sieben Arten der Verschwendung gesehen:[3]

- Überproduktion
- Lagerbestände
- Wartezeiten bzw. Verzögerungen
- Ausschuss
- Transporte
- Unnötige Bearbeitungen
- Ineffiziente Bewegungsabläufe

Überproduktion zeigt sich einerseits, wenn größere Mengen hergestellt werden, als überhaupt für die nachfolgenden Prozesse bzw. den Kunden benötigt werden. Ursachen sind zum Beispiel der Versuch eines Ausgleichs von erwartetem Ausschuss oder die Erhöhung der kurzfristigen Auslastung von Maschinen. Demgegenüber entsteht Überproduktion aber auch, wenn eine in der Höhe benötigte Produktmenge bereits vor dem gegebenen Lieferzeitpunkt fertiggestellt wird. In beiden Fällen müssen diese nicht wertschöpfenden Abweichungen vom Idealzustand durch Lagerbestände, etwa im Versand, ausgeglichen werden. Überproduktion wird deshalb in der Literatur in der Regel als zentrale Form der Verschwendung betrachtet, weil sie einige der anderen Arten überhaupt erst auslöst. Dennoch wird sie in der betrieblichen Praxis häufig nur sehr zögerlich als Verschwendung akzeptiert. So vermittelt ein durch Überproduktion ausgelöster Bestand den Verantwortlichen ein Gefühl von Sicherheit gegenüber Maschinenausfällen oder kurzfristigen Nachfrageschwankungen.

[3] Vgl. u. a. Becker (2006), S. 278 ff.; Oeltjenbruns (2000), S. 34 ff.; Ohno (2013), S. 52 ff. u. S. 96 ff.; Sekine et al. (1995), S. 22 ff.

Lagerbestände können darüber hinaus auch auf nicht abgestimmte Takt- oder Prozesszeiten von aufeinanderfolgenden Fertigungsschritten zurückzuführen sein. Produziert das vorhergehende Teilsystem schneller als das nachfolgende, entstehen Aufstaulager. Arbeitet dagegen das vorhergehende Teilsystem langsamer, muss ein Zerreißlager durch zeitlich vorgezogene Überschussproduktion eingerichtet werden, um eine fortlaufende Fertigung zu gewährleisten.

Wartezeiten und Verzögerungen zeigen sich im nicht produktiv genutzten Anteil der Arbeitszeit von direkten Fertigungsmitarbeitern. Diese warten dann darauf, die wertschöpfende Bearbeitung der Materialien und Zwischenprodukte fortsetzen zu können. Als Ursache für diese Verzögerungen lassen sich einige typische Aspekte ausmachen. Dazu zählen Rüstvorgänge oder das Warten auf fehlendes Material. Daneben wirken aber auch Aspekte, die in den Betrieben häufig nicht auf den ersten Blick als Verschwendung wahrgenommen werden. So könnte eine Materialzuführung eingerichtet sein, deren Taktzeit nicht exakt auf die Prozesszeit des Betriebsmittels abgestimmt ist. Die Bearbeitung muss in diesem Fall warten, bis die nächste Zuführung erfolgt.

Ausschuss ist die greifbarste Form der Verschwendung, denn die unmittelbare Wirkung auf die Kosten wird hier besonders deutlich: Sämtliche Bearbeitungsschritte bis zum Zeitpunkt der Entdeckung des Fehlers sind rückwirkend nicht wertschöpfend und das betreffende Teil ist erneut herzustellen. Ist eine vollständige Vermeidung dieser Verschwendung durch Null-Fehler-Produktion nicht möglich, dann gilt: Je früher eine fehlerhafte Bearbeitung erkannt wird, desto geringer sind die durch den Fehler auftretenden Kosten. Dies betont auch noch einmal die Bedeutung von Lagerbeständen: Durch Überschussproduktion ausgelöst, sorgen sie für lange Wartezeiten der Teile vor dem nächsten Bearbeitungsschritt. Befindet sich dann tatsächlich Ausschuss in den Beständen, dauert es entsprechend lange, bis dieser überhaupt entdeckt werden kann. Die Ursachen eines Fehlers sind dann häufig nur noch schwer nachzuvollziehen und die Folgekosten, z. B. durch Nacharbeit, sind hoch.

Transport von einem Punkt A zu einem Punkt B erhöht in der Regel nicht den Wert eines Produktes und ist deshalb nach Möglichkeit zu vermeiden. Dasselbe gilt für die so genannten **unnötigen Bearbeitungen**, da es sich bei ihnen per Definition um Abläufe handelt, die bei optimaler Prozessgestaltung entfallen können. Beispiele sind jede Form der Sichtprüfung und der Nacharbeit. Diese sind zur Herstellung eines Produktes nicht erforderlich, sondern fallen nur deshalb an, weil die zugehörigen Fertigungsprozesse nicht optimal arbeiten oder einen Fehler nicht selbstständig erkennen. Ähnlich verhält es sich mit **ineffizienten Bewegungsabläufen**, die sich vor allem ergeben, wenn die Mitarbeiter in der Fertigung durch die Anordnung der Betriebsmittel zu langen Laufwegen gezwungen werden. Darüber hinaus kann es ebenfalls zu ineffizienten Bewegungsabläufen kommen,

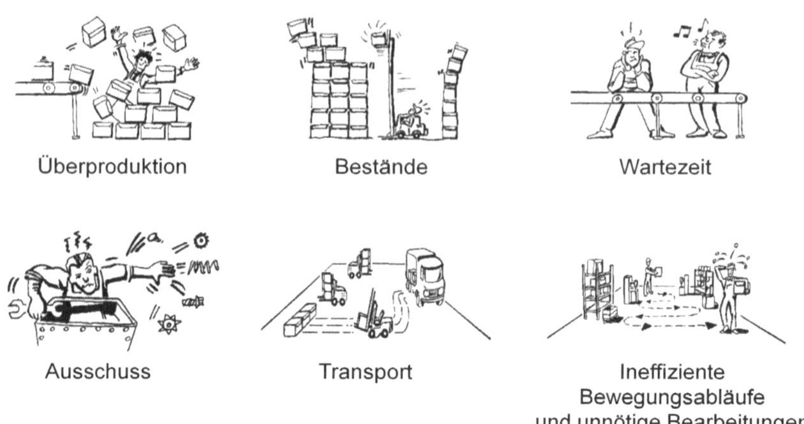

Abb. 2.1 Die sieben Arten der Verschwendung im Überblick. (Quelle: Bahlsen 2009)

wenn Menschen die ihnen gegebenen Freiheitsgrade am Arbeitsplatz entgegen dem eigentlich festgelegten Standard nutzen. Abbildung 2.1 zeigt die Verschwendungsarten im Überblick. Dabei sind die ineffizienten Bewegungsabläufe und die unnötigen Bearbeitungen aufgrund ihrer Ähnlichkeit zusammengefasst dargestellt.

In der innerbetrieblichen Praxis sind zahlreiche Ursachen für das Auftreten der dargestellten Verschwendungen zu beobachten. Dazu gehören unter anderem zu hohe Rüstzeiten, nicht abgestimmte Losgrößen, eine mangelnde Verfügbarkeit der Betriebsmittel, hohe Variantenvielfalt, nicht ausreichend beherrschte technische Prozesse oder stark schwankende Kundenbedarfe.[4] Beinahe ebenso zahlreich sind die zur Beseitigung dieser Ursachen empfohlenen Maßnahmen und Konzepte. So bilden die Einführung von Verbrauchssteuerungen mit Kanban, die Einrichtung von Milk-Runs zur Reduzierung unnötiger Transporte, Fehlervermeidung durch Poka Yoke, Rüstzeitreduzierung durch Single-Minute-Exchange-of-Die (SMED) oder die Erhöhung der Anlageneffektivität durch Total Productive Maintenance (TPM) nur einige von vielen Möglichkeiten.

Unternehmen, die sich mit der Umsetzung von Lean Production intensiv beschäftigen, müssen vor diesem Hintergrund vor allem zwei Fragen beantworten: Wie werden die verschiedenen Arten der Verschwendung überhaupt effizient erkannt und wie lassen sich die verschiedenen möglichen Gegenmaßnahmen anschließend sinnvoll aufeinander abstimmen? Zur Beantwortung dieser Fragen hat sich in der betrieblichen Praxis unter anderem die so genannte Wertstromplanung bewährt.

[4] Vgl. Oeltjenbruns (2000), S. 34; Sekine et al. (1995), S. 21.

Die Wertstromplanung 3

Wertstromplanung (Value Stream Planning) ist ein vor allem in der Automobilindustrie weit verbreitetes und erprobtes Instrument zur transparenten Darstellung von Fertigungs- und Logistikprozessen.[1] Bei diesem Verfahren wird mit Hilfe von einfachen Symbolen und ergänzenden Kennzahlen zunächst der aktuelle Ist-Zustand dokumentiert (Value Stream Mapping), um ein für alle Beteiligten einheitliches Bild der Prozesskette in der Produktion zu erhalten. Anschließend erfolgt die Konzeption eines Soll-Zustands (Value Stream Design), der einen geringeren Anteil an Verschwendung und damit einen höheren Grad an Wertschöpfung realisieren soll.

3.1 Die grundsätzliche Vorgehensweise

„Unter einem Wertstrom versteht man alle Aktivitäten (sowohl wertschöpfend als auch nicht wertschöpfend), die notwendig sind, um ein Produkt durch die Hauptflüsse zu bringen, die für jedes Produkt entscheidend sind."[2] *Rother* und *Shook* verstehen damit zwar unter einem Wertstrom ausdrücklich sowohl den Fertigungsprozess vom Rohmaterial bis zum Kunden einschließlich aller logistischen Aspekte als auch den vorhergehenden Entwicklungsprozess vom ersten Konzept bis zum Beginn der Produktion. Gleichzeitig aber schränken sie die Anwendung der von ihnen maßgeblich geprägten Wertstromplanung auf den operativen Fertigungs- und Logistikprozess ein.[3]

[1] Vgl. Wiegand (2007), S. 83.

[2] Rother und Shook (2011), S. 3.

[3] Vgl. Rother und Shook (2011), S. 3.

© Springer Fachmedien Wiesbaden 2015

F. Balsliemke, *Kostenorientierte Wertstromplanung,* essentials,
DOI 10.1007/978-3-658-08699-2_3

Ziel der Wertstromplanung ist die Gewinnung einer für alle Beteiligten einheitlichen bildlichen Darstellung des jeweiligen Wertstroms. Die sich daraus ergebenden Abweichungen zwischen Ist- und Soll-Wertstrom sind zu analysieren und auf die ursächlichen Verschwendungsarten zurückzuführen. Zur Beseitigung der Abweichungen sind Maßnahmen auszuarbeiten und ihre Umsetzung einzuleiten. Angestrebt wird dabei ausdrücklich nicht nur eine Optimierung einzelner Prozessschritte in Form von Insellösungen, sondern vor allem auch die Gestaltung der gesamten Prozess- und Wertschöpfungskette bis zum Kunden: Die zu bearbeitenden Materialien und Zwischenprodukte sollen möglichst gleichmäßig, mit einheitlichen und am Kundenbedarf orientierten Taktzeiten, kurzen Transportwegen sowie geringen Wartezeiten durch den Wertstrom „fließen".

Eine Erfassung aller Produkte und der jeweils zugehörigen Prozesse in nur einem einzigen Wertstrom ist in der Regel zu komplex. Deshalb werden in einem ersten Schritt so genannte Produktfamilien gebildet und diese dann unabhängig voneinander analysiert. Eine **Produktfamilie** ist dabei definiert als eine Gruppe von Produkten, die ähnliche Verarbeitungsschritte und Maschinen durchlaufen.[4] Ein wichtiges Kriterium bei ihrer Bildung ist die Erreichung einer möglichst weitgehenden Homogenität innerhalb einer Produktfamilie und einer möglichst großen Heterogenität zu den anderen Produktfamilien.[5]

Trotz dieser komplexitätsreduzierenden Zusammenfassung von gleichartigen Produkten wird die anschließende Analyse schon innerhalb eines Unternehmens in der Regel verschiedene Verantwortungsbereiche umfassen (z. B. Fertigung, Montage, Logistik, Beschaffung). In der Literatur wird deshalb empfohlen, einen **Wertstrommanager** zu bestimmen, der die Durchführung der Wertstromplanung für eine Produktfamilie zu verantworten hat. Eine entsprechende Stelle muss die Kompetenz erhalten, Verbesserungsmaßnahmen über die Grenzen von Sachgebieten und Abteilungen hinweg zu definieren und durchzusetzen.[6]

Mit Hilfe einfacher Symbole, ergänzt durch eine Reihe typischer Kennzahlen, erstellt der Wertstrommanager zunächst einen Ist-Wertstrom. Nach der Ermittlung der Abweichungen im Vergleich mit dem anzustrebenden Soll-Zustand und ihrer Analyse formuliert er dann in Absprache mit den jeweiligen Entscheidungsträgern Maßnahmen zur Beseitigung der identifizierten Verschwendung.

[4] Vgl. Wiegand (2007), S. 83.

[5] Eine ausführliche Beschreibung der Bildung von Produktfamilien findet sich bei Erlach (2007), S. 38–45.

[6] Vgl. Wiegand (2007), S. 83 f.

3.2 Die verwendeten Symbole und Kennzahlen

Die zur Abbildung der Fertigungs- und Logistikprozesse notwendigen graphischen Symbole oder auch Piktogramme lassen sich in drei Gruppen unterteilen: Basissymbole, Symbole für den Materialfluss und Symbole für den Informationsfluss.[7] Abbildung 3.1 gibt einen entsprechenden Überblick.

Die **Basissymbole** geben vor allem wieder, welche physischen Elemente in der Fertigung und in der Logistik relevant sind. Dabei handelt es sich um die unternehmensexternen Quellen (Lieferanten) und Senken (Kunden) des Wertstroms, die zu durchlaufenden innerbetrieblichen Prozesse (z. B. Fertigung, Montage) und die zwischen den Prozessen lagernden Bestände (z. B. Aufstau-, Zerreißlager, Supermärkte). Über die reine Abbildung hinaus dienen sogenannte Datenfelder dazu, jeweils die wesentlichen Kennzahlen und Eigenschaften der physischen Elemente zu dokumentieren. In diesem Zusammenhang werden für Fertigungsprozesse vor allem die Zyklus- bzw. Prozesszeiten (ZZ), Rüstzeiten (RZ), die Maschinenzuverlässigkeit, die Mitarbeiterzahl, die Variantenzahl, die verfügbare Arbeitszeit oder die Ausschussrate erfasst. Für Lieferanten und Kunden sollten unter anderem Bedarfe, Bestellzyklen, Liefermengen und Entfernungen aus der Wertstromdarstellung

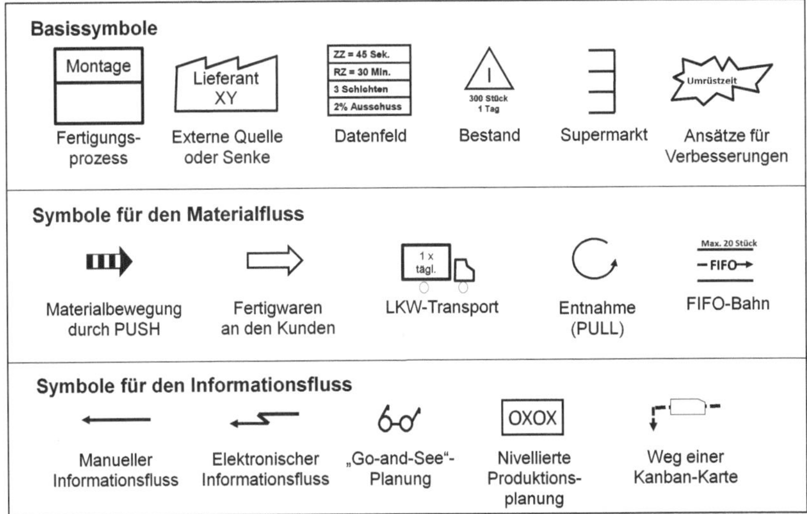

Abb. 3.1 Einige Symbole der Wertstromplanung. (Quelle: Rother und Shook 2011, S. 16 ff.)

[7] Vgl. Rother und Shook (2011), S. 15–31; Wiegand (2007), S. 84 f.

hervorgehen. Bei den Beständen sind vor allem deren Höhe und damit die entsprechende Durchlaufzeit im Verhältnis zum Kundenbedarf von Bedeutung.

Die **Symbole für den Materialfluss** ergänzen die physischen Elemente, indem sie die Weitergabe der Materialien und Zwischenprodukte von einem Prozessschritt zum nächsten aufzeigen. Dabei kann grundsätzlich zwischen dem klassischen Push-Prinzip und dem Pull-Prinzip, wie es etwa über Kanban-Karten umsetzbar ist, unterschieden werden.

Für ein umfassendes Verständnis des zu betrachtenden Wertstroms reicht es in der Regel nicht, lediglich die Bearbeitungsschritte und ihre physischen Verbindungen darzustellen. Stattdessen ist darüber hinaus eine Erfassung der für jeden Schritt relevanten Informationen sinnvoll. Durch diese erhalten die Mitarbeiter überhaupt erst Aufschluss darüber, welche Varianten in welcher Reihenfolge und Menge zu welchem Zeitpunkt zu bearbeiten sind. Bei den entsprechenden **Symbolen für den Informationsfluss** wird grundsätzlich unterschieden zwischen einem manuellem Informationsfluss (z. B. über mündliche Anweisungen) und einem elektronischen Informationsfluss (z. B. über ein PPS-System). Typisch für Produktionsbereiche, die noch nicht vollständig nach den Prinzipien der schlanken Fertigung organisiert sind, ist darüber hinaus die so genannte „Go-and-See-Planung". Fertigungsaufträge werden dabei manuell auf Basis einer fortwährenden Beobachtung der in den vor- und nachgelagerten Fertigungsschritten vorliegenden Bestände ausgelöst.

3.3 Ist-Wertstrom und Soll-Wertstrom

Im Rahmen der Erstellung eines Ist-Wertstroms werden die genannten Symbole und Kennzahlen genutzt, um die Struktur des Produktionssystems sowie die Material- und Informationsflüsse der jeweiligen Produktfamilie abzubilden. Angestrebt wird ein über Abteilungsgrenzen hinweg abgestimmtes, einheitliches Bild der aktuell gegebenen Situation. Sämtliche Schritte vom Wareneingang der Rohstoffe und Zulieferteile bis zur Auslieferung der fertigen Produkte werden erfasst („von Rampe zu Rampe"). Auch eine Abbildung überbetrieblicher Zusammenhänge, etwa durch eine Einbindung von Lieferanten zur Unterstützung eines Supply Chain Management, ist sinnvoll möglich und bereits vielfach umgesetzt.

Eine wesentliche Besonderheit der Wertstromplanung besteht darin, im Versand zu beginnen und dann entgegen dem Materialfluss vorzugehen. Auf diese Weise fällt es den am Prozess Beteiligten leichter, die Perspektive des internen oder externen Kunden einzunehmen, der durch seinen Bedarf den Takt der Fertigung bestimmt. Um einen „echten" Ist-Zustand zu erhalten, wird darüber hinaus empfohlen, Wertströme unmittelbar vor Ort von Hand zu erstellen. Es empfiehlt sich,

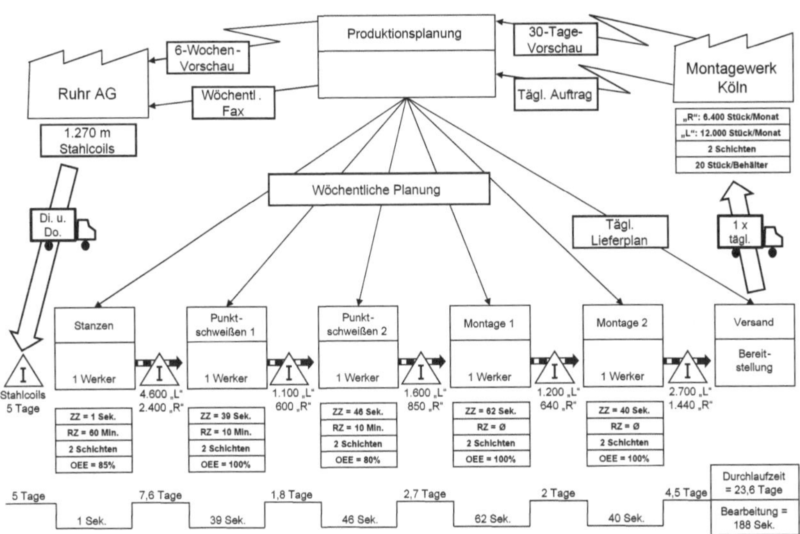

Abb. 3.2 Ein beispielhafter Ist-Wertstrom. (Quelle: Rother und Shook 2011, S. 30 f.)

sämtliche Daten durch eigene Beobachtungen und Messungen zu belegen, da zum Beispiel die in einem PPS-System hinterlegten Daten nicht selten von störungsfreien Idealzuständen ausgehen oder veraltet sind.[8]

Abbildung 3.2 zeigt einen typischen, beispielhaften Ist-Wertstrom, bei dem aus dem Rohstoff Stahl über verschiedene Fertigungs- und Montagestufen ein Zwischenprodukt für die Automobilindustrie hergestellt wird. Es gibt jeweils eine Produktvariante für Linkslenker („L") und für Rechtslenker („R"). Der Materialfluss findet sich im unteren Teil der Abbildung und verläuft von links nach rechts. Der Informationsfluss wird im oberen Teil erfasst und erstreckt sich über die zentrale Produktionsplanung von rechts (interner Kunde) nach links (Lieferant) bzw. von oben (Produktionsplanung) nach unten (Fertigung und Montage). Die Darstellung der Durchlaufzeiten und der demgegenüber zumeist sehr geringen tatsächlichen Bearbeitungszeiten geschieht über eine entsprechende Zeitachse unterhalb des Materialflusses.

Durch die Erarbeitung eines derartigen Ist-Wertstroms werden in der Regel Schwachstellen aufgezeigt, auf deren Grundlage die Entwicklung eines Soll-Wertstroms mit einem verbesserten Fertigungsablauf erfolgen kann. Dabei ist Verbesserung hier gleichbedeutend mit der möglichst weitgehenden Reduzierung von Verschwendung. So könnte im aufgezeigten Beispiel als ein Ziel etwa die Reduzierung der Bestände zwischen den Fertigungs- und Montageprozessen und damit der Durchlaufzeiten angestrebt werden.

[8] Vgl. Rother und Shook (2011), S. 12; Wiegand (2007), S. 84.

Im Allgemeinen wird in der Literatur empfohlen, einen gleichmäßigen und auf den durchschnittlichen Kundenbedarf abgestimmten Materialfluss einzurichten. In der betrieblichen Praxis ist eine Reihe von Ansätzen und Methoden verbreitet, die zu diesem Zweck zum Einsatz kommen. Eine typische Auswahl ist im Folgenden beispielhaft zu finden:[9]

- Produktion im Kundentakt durch Synchronisierung von Fertigung und Montage mit dem Bedarf des Kunden.
- Beseitigung von Engpässen durch Reduzierung von Ausfallzeiten und Störungen von Maschinen.
- Reduzierung von Rüstzeiten, um kleine Losgrößen flexibel fertigen zu können.
- Ansetzen der zentralen Produktionsplanung an nur einer Stelle im Wertstrom und dezentrale Steuerung der übrigen Prozessschritte.
- Realisierung eines gleichmäßigen Produktionsprogramms durch Nivellierung der freigegebenen Aufträge.
- Umsetzung eines kontinuierlichen Materialflusses mit One-Piece-Flow, um Transport- und Liegezeiten zu reduzieren.

Aus der Anwendung dieser Ansätze auf den oben gezeigten Ist-Zustand kann beispielsweise der in Abb. 3.3 dargestellte Soll-Wertstrom entwickelt werden. Darin werden unter anderem die Arbeitsgänge aus dem Bereich Schweißen und Montage in einem U-förmigen Fertigungslayout zusammengefasst, um kurze Transportwege ohne Zwischenlagerung und unter Vermeidung ineffizienter Bewegungsabläufe zu erreichen.

Durch den Einsatz der Wertstromplanung werden in der Industrie durchaus erhebliche Verbesserungspotenziale erkannt und mindestens teilweise auch umgesetzt. Für eine Realisierung der vorgeschlagenen Maßnahmen ist es allerdings notwendig, die dazu erforderlichen personellen und finanziellen Mittel zur Verfügung zu haben bzw. die vorhandenen knappen Ressourcen optimal einzusetzen. Dabei besteht nicht selten die größte Schwierigkeit darin, dass die Frage nach dem Nutzen einzelner Maßnahmen anhand der graphischen Darstellung des Wertstroms zwar im Sinne eines verbesserten Materialflusses aufgezeigt werden kann, eine unmittelbare und fundierte Aussage über die damit verbundenen Kostensenkungen aber allein auf dieser Grundlage nicht möglich ist. Dies führt nicht selten zur Ablehnung von Projekten, die bei einer Realisierung durchaus zu einer Verbesserung des Wertstroms und zur Reduzierung der Kosten beigetragen hätten. Um diesen

[9] Vgl. Rother und Bischoff (2001), S. 5; Rother und Shook (2011), S. 52; Wiegand (2007), S. 85 ff.

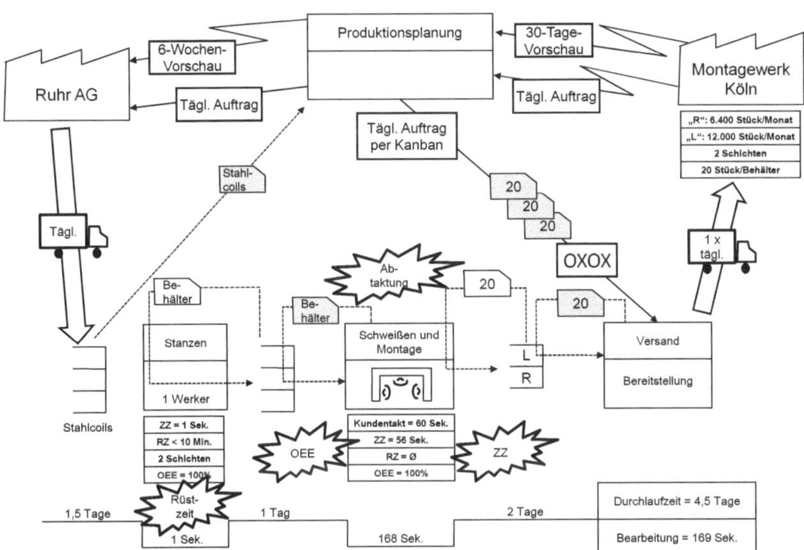

Abb. 3.3 Ein beispielhafter Soll-Wertstrom. (Quelle: In Anlehnung an Rother und Shook 2011, S. 72 f.)

Nachteil beseitigen zu können, wird im Folgenden eine entsprechende Erweiterung der Wertstromplanung vorgenommen. Dazu greifen die folgenden Ausführungen mit der so genannten Wertzuwachskurve zunächst ein in der Literatur bereits seit Jahren bekanntes Konzept auf, dass sich bisher in der betrieblichen Praxis aber kaum durchgesetzt hat.

4 Die Wertzuwachskurve

Über die Wertstromplanung hinaus nutzen Unternehmen eine Vielzahl von weiteren Methoden, anhand derer Möglichkeiten für Prozessverbesserungen in Produktion und Logistik und damit zur Realisierung geringerer Kosten identifiziert werden sollen. Eines dieser Instrumente kann die so genannte Wertzuwachskurve sein, die wie die Wertstromplanung in besonderer Weise auf die Durchlaufzeiten in der Produktion ausgerichtet ist. Anders als bei der Wertstromplanung wird dabei aber unmittelbar der Zusammenhang zwischen den Herstellkosten und der Durchlaufzeit abgebildet. So zeigt die Wertzuwachskurve die Zunahme der Herstellkosten eines Produktes während dessen Durchlaufzeit. Dies erfolgt graphisch in einem Koordinatensystem, wobei der Kostenfortschritt mit dem Verlauf des Herstellungsprozesses auf der Ordinate abgetragen wird. Die Kumulierung der Kosten erfolgt über die auf der Abszisse ausgewiesene Durchlaufzeit.[1] Abbildung 4.1 zeigt einen beispielhaften Verlauf.

Durch die Wertzuwachskurve können sowohl die Herstellkosten als auch die Zeiten der einzelnen Prozessschritte visualisiert werden. Wie die Wertstromplanung trägt sie so zur Aufdeckung von Ineffizienzen bei und betont vor allem die bei der anderen Methode nur mittelbar vorhandene Kostenkomponente. Als eine mögliche Erweiterung können die gesamten Herstellkosten dabei auch differenziert nach verschiedenen Kostenarten ausgewiesen werden. Die Wertzuwachskurve findet sich bisher vor allem im Zusammenhang mit logistischen Prozessen

[1] Vgl. Coenenberg et al. (2012), S. 672 f.; Coenenberg et al. (1994), S. 22 ff.; Schulte (2013), S. 675 ff.; Schulte (1999), S. 433 ff.; Sturm (2006), S. 306.

© Springer Fachmedien Wiesbaden 2015

F. Balsliemke, *Kostenorientierte Wertstromplanung,* essentials,
DOI 10.1007/978-3-658-08699-2_4

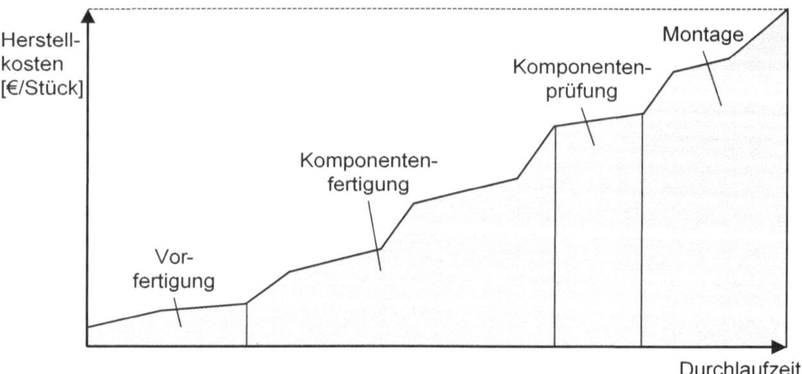

Abb. 4.1 Die Wertzuwachskurve. (Quelle: In Anlehnung an Coenenberg et al. (2012), S. 673)

innerhalb der Fertigung und zielt darauf ab, die mit lagernden, transportierenden und sortierenden Tätigkeiten verbundenen Kosten zu reduzieren.[2]

Grundsätzlich bieten sich einem Unternehmen zwei Möglichkeiten, um den Verlauf der Kurve zu beeinflussen: Die Reduzierung der Durchlaufzeit und die Reduzierung der Herstellkosten durch eine Veränderung der Kostenzunahme je Prozessschritt, also des Steigungsverhaltens der Kurve. Die Bedeutung entsprechen-

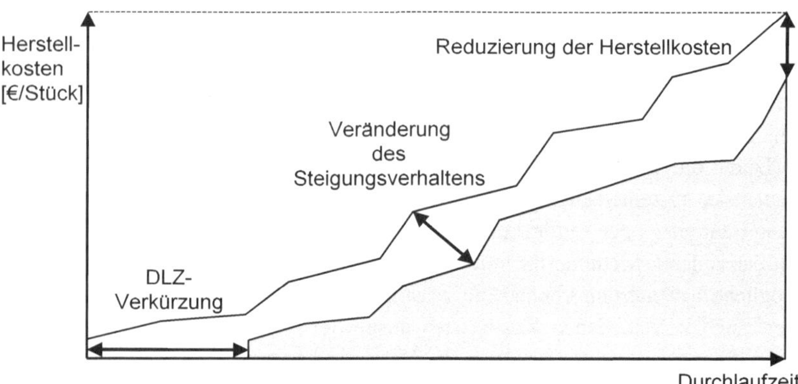

Abb. 4.2 Veränderungen der Wertzuwachskurve. (Quelle: In Anlehnung an Coenenberg et al. (2012), S. 675)

[2] Vgl. Coenenberg et al. (1994), S. 23; Kluck (2008), S. 164 ff.; Schulte (2013), S. 675 f.

der Maßnahmen nimmt dabei mit wachsender Wertschöpfung zu. So verursachen hohe Bestände durch entsprechend höhere Herstellkosten mit zunehmender Durchlaufzeit auch eine höhere Kapitalbindung.[3] Abbildung 4.2 zeigt Möglichkeiten zur Beeinflussung des Kurvenverlaufs. Es wird deutlich, dass die verschiedenen Alternativen sowohl zu einer Reduzierung der Kosten als auch zu einer Verkürzung der Durchlaufzeit und damit der Lieferzeit beitragen können.[4]

[3] Vgl. Coenenberg et al. (1994), S. 23; Sturm (2006), S. 306.

[4] Vgl. Coenenberg et al. (2012), S. 674 f.; Coenenberg et al. (1994), S. 23 f.

Darstellung der Kombination von Wertstromplanung und Wertzuwachskurve

5

Bereits in der Einführung wurde betont, dass nahezu sämtliche Unternehmen heute vor der Herausforderung stehen, individuelle Kundenwünsche durch die Fertigung zahlreicher Varianten in geringer Stückzahl bei gleichzeitig steigendem Kostendruck zu befriedigen. Hieraus ergibt sich die Notwendigkeit, eine hohe Lieferbereitschaft bei niedrigen Beständen und eine hohe Flexibilität bei niedrigen Kosten zu realisieren. Sowohl für die Wertstromplanung als auch für die Wertzuwachskurve wird in der Literatur ausdrücklich betont, dass die jeweilige Methode genau für diesen Zweck entwickelt wurde.[1]

Die Wertstromplanung erfasst detailliert den Material- und Informationsfluss in Produktion und Logistik sowie die darin zu beobachtenden Arten der Verschwendung. Sie lässt aber offen, welche Kostenwirkung die abgeleiteten Maßnahmen entfalten können. Demgegenüber betont die Wertzuwachskurve zwar gerade diesen Aspekt, greift aus dem Umfeld des Material- und Informationsflusses aber lediglich die Durchlaufzeit heraus und blendet in ihrer Grundform weitere mögliche Aspekte aus. *Schulte* stellt deshalb bereits fest, dass die Darstellung der Wertzuwachskurve erweitert werden sollte. Er schlägt vor, unterhalb der Abszisse ergänzend zum Stand der Durchlaufzeit die jeweilige Variantenzahl, die Auslastung der Kapazitäten oder die Lieferzeitanforderungen der Kunden abzutragen.[2] Dies wiederum sind aber exakt solche Daten, die bereits durch die Wertstromplanung anschaulich auf einen Blick verdeutlicht werden.

[1] Vgl. Coenenberg et al. (2012), S. 674 f.; Coenenberg et al. (1994), S. 15 f. u. 22 f.; Rother und Bischoff (2001), S. 5; Schulte (2013), S. 675; Wiegand (2007), S. 82.

[2] Vgl. Schulte (2013), S. 679 ff.

© Springer Fachmedien Wiesbaden 2015

F. Balsliemke, *Kostenorientierte Wertstromplanung*, essentials,
DOI 10.1007/978-3-658-08699-2_5

Vor dem dargestellten Hintergrund bietet es sich an, durch eine Kombination von Wertstromplanung und Wertzuwachskurve die Defizite einer alleinigen Anwendung jeweils eines der beiden Verfahren zu beheben. Das verbindende Element der gemeinsamen Darstellung ist die in beiden Fällen vorhandene Durchlaufzeitachse, so dass der Kostenverlauf an dieser Schnittstelle unterhalb des Material- und Informationsflusses eingefügt werden kann. In Anlehnung an zwei Grundbegriffe aus der Kostenrechnung ergibt sich auf diese Weise eine Verbindung des Mengengerüstes der Wertstromplanung mit dem Wertgerüst der Wertzuwachskurve. Das Ergebnis ist eine kostenorientierte Wertstromplanung. Abbildung 5.1 zeigt ein mögliches Beispiel, wobei mit dem Ziel einer übersichtlichen Darstellung der Methode auf die maßstabsgetreue Abbildung der Durchlaufzeit entsprechend der Bestandshöhe verzichtet wird. Die Abszisse ist folglich je nach Bestand zwischen

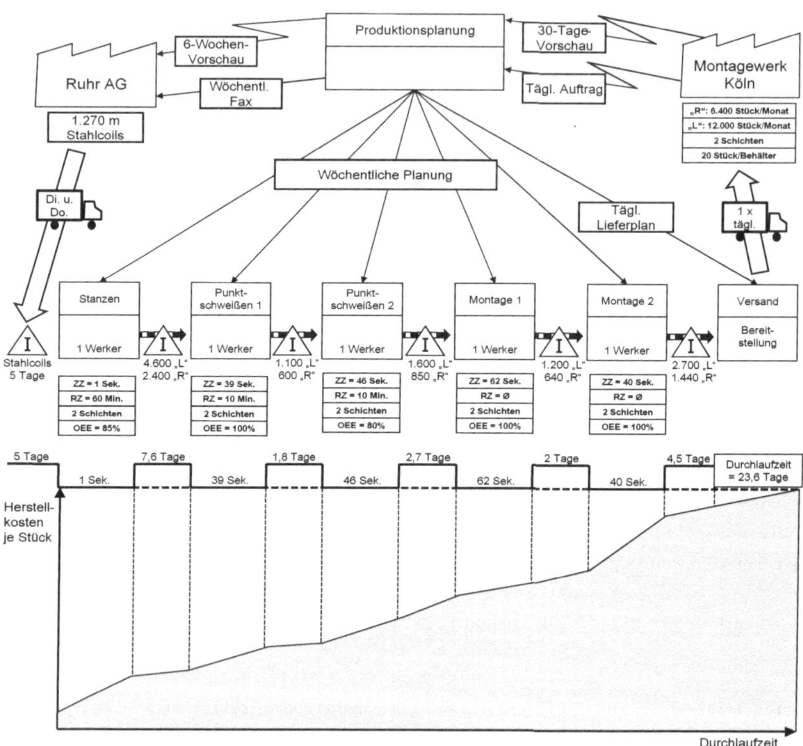

Abb. 5.1 Kostenorientierte Wertstromplanung. (Quelle: Eigene Darstellung in Anlehnung an Coenenberg et al. (2012), S. 673 und Rother und Shook (2011), S. 30 f.)

den Bearbeitungsschritten als maßstäblich gestreckt oder gestaucht anzusehen. Alternativ ist anstelle einer Darstellung der Durchlaufzeit auf der Abszisse auch eine Berücksichtigung der Anzahl der Prozessschritte denkbar. Die anschauliche Visualisierung der Durchlaufzeit geht hierbei allerdings verloren.

Neben der Bewertung möglicher Maßnahmen fördert der neue Ansatz gleichsam als Nebeneffekt natürlich auch die vorhergehende Identifizierung von Verschwendung. So wird diese jetzt auch in ihrer kostenmäßigen Bedeutung erkennbar und zwar als Anstieg der Herstellkosten bei gleichzeitigem Vorliegen einer nicht wertschöpfenden Tätigkeit. Im Beispiel der Abb. 5.1 nehmen etwa die Herstellkosten durch das Aufstaulager zwischen dem Punktschweißen und der Montage zu. Obwohl kein Beitrag zur Wertschöpfung erfolgt, sorgen Kapitalbindung, Flächenbedarf und Transporte vom und zum Lagerplatz für einen Anstieg der Kosten.

Zusammenfassung und Ausblick 6

Dieser Beitrag beschränkt sich auf die Darstellung der konzeptionellen Verknüpfung von Wertstromplanung und Wertzuwachskurve zu einer **kostenorientierten Wertstromplanung**. Für eine operative Umsetzung in der Praxis sind prozessschrittbezogene Detaillierungen erforderlich. So ist es zum Beispiel für die Realisierung des Konzeptes von besonderer Bedeutung, dass ein Ist-Wertstrom eine Momentaufnahme der zum Erstellungszeitpunkt vorgefundenen Situation darstellt. Daher sollte auch die Abbildung des Kostenverlaufs diese Ist-Situation widerspiegeln. Die dazu notwendigen Ist-Kostendaten liegen in den Unternehmen aber häufig nicht unmittelbar in der erforderlichen Form vor. Stattdessen werden die Herstellkosten je Stück lediglich als Plan für ein Jahr im Voraus auf der Grundlage von Arbeitsplan und Stückliste mit entsprechenden Kalkulationsverfahren erstellt (Ermittlung von Verrechnungspreisen). Die Istkosten erfassen die Unternehmen dagegen häufig lediglich als Summenwert in den Kostenstellen und ermitteln – wenn überhaupt – einen Wert je Stück nur über einfache Divisionskalkulation. Aufgrund der damit verbundenen Schlüsselung der Gemeinkosten ist mit entsprechenden Daten eine verursachungsgerechte Darstellung der Wertzuwachskurve nicht möglich. Die Kalkulation der Ist-Stückkosten muss dann manuell zum jeweils erforderlichen Zeitpunkt erfolgen oder die Kosten müssen geschätzt werden.

Die kostenorientierte Wertstromplanung liefert einen Denkrahmen, der jeweils unternehmensspezifisch auszufüllen ist. Im Rahmen seiner Tätigkeit in der Automobilzulieferindustrie hat der Verfasser bereits erfolgreich an einer entsprechenden praktischen Umsetzung gearbeitet. Mit Hilfe der neuen Methode konnte für Maßnahmen zur Vermeidung von Verschwendung ihr jeweiliges Potenzial zur Kostensenkung anschaulich aufgezeigt werden. Die entsprechende Zuordnung

© Springer Fachmedien Wiesbaden 2015

F. Balsliemke, *Kostenorientierte Wertstromplanung*, essentials,
DOI 10.1007/978-3-658-08699-2_6

knapper Ressourcen durch die zuständigen Entscheidungsträger wurde deutlich erleichtert und die Akzeptanz einer Umsetzung bei allen Beteiligten erhöht. In der Folge konnten sowohl die Durchlaufzeiten der Produkte als auch die entsprechenden Herstellkosten deutlich reduziert werden. Die Ursache für den Erfolg und damit der wesentliche Vorteil der kostenorientierten Wertstromplanung ist darin zu sehen, dass mit den zusätzlichen Informationen auch Fragen zur Kostenwirkung identifizierbarer Maßnahmen beantwortet werden können:

- Welche Kostenschwerpunkte sind in den Bereichen Fertigung, Montage und Logistik zu beobachten?
- Welche sind die wichtigsten Kostentreiber in den Bereichen Produktion und Logistik?
- Wo bestehen die größten Potenziale für Kostensenkungen?
- Wie verändern Verbesserungsmaßnahmen sowohl die Prozesse als auch die Kosten?
- Für welche Verbesserungsmaßnahmen sind die begrenzt verfügbaren Personal- und Finanzressourcen am vorteilhaftesten einzusetzen?

Was Sie aus diesem Essential mitnehmen können

- Wie lassen sich Kostentreiber in Produktion und Logistik identifizieren?
- Erkennen der wichtigsten Ursachen für Verschwendung in Produktion und Logistik.
- Effiziente Nutzung knapper Ressourcen zur Realisierung von Kostensenkungen.
- Welche Maßnahmen verändern sowohl Prozesse als auch Kosten?

© Springer Fachmedien Wiesbaden 2015

F. Balsliemke, *Kostenorientierte Wertstromplanung*, essentials,
DOI 10.1007/978-3-658-08699-2

Literatur

Bahlsen, W. M.: Erfolg kommt von innen. Change Management bei Bahlsen, Vortrag, 26. Deutscher Logistik-Kongress, Berlin, 21.10.2009.

Becker, H.: Phänomen Toyota. Erfolgsfaktor Ethik, Berlin, Heidelberg, Springer Verlag, 2006.

Coenenberg, G.; Fischer, T.; Günther, T.: Kostenrechnung und Kostenanalyse, 8., überarbeitete Auflage, Stuttgart, Schäffer-Poeschel Verlag, 2012.

Coenenberg, G.; Fischer, T.; Schmitz, J.: Target Costing und Product Life Cycle Costing als Instrumente des Kostenmanagements, in: Zeitschrift für Planung, Heft 5, 1994, S. 1–38.

Erlach, K.: Wertstromdesign. Der Weg zur schlanken Fabrik, Berlin, Heidelberg, Springer Verlag, 2007.

Kluck, D.: Materialwirtschaft und Logistik. Lehrbuch mit Beispielen und Kontrollfragen, 3., überarbeitete Auflage, Stuttgart, Schäffer-Poeschel Verlag, 2008.

Oeltjenbruns, H.: Organisation der Fertigung nach dem Vorbild Toyotas. Analyse, Vorteile und detaillierte Voraussetzungen sowie die Vorgehensweise zur erfolgreichen Einführung am Beispiel eines globalen Automobilkonzerns, Dissertation, Aachen, Shaker Verlag, 2000.

Ohno, T.: Das Toyota Produktionssystem, 3., erweiterte Auflage, Frankfurt, New York, Campus Verlag, 2013.

Rother, M.; Bischoff, J.: Toyota. Erfolgsgeheimnis Wertstrom, in: PRODUKTION, Wochenzeitung für das technische Management, Heft 7, 2001, S. 5.

Rother, M.; Shook, J.: Sehen lernen. Mit Wertstromdesign die Wertschöpfung erhöhen und Verschwendung beseitigen, Version 1.4, Mühlheim, Lean Management Institut, 2011.

Schulte, C.: Logistik. Wege zur Optimierung der Supply Chain, 6., überarbeitete und erweiterte Auflage, München, Vahlen Verlag, 2013.

Schulte, K.: Wertzuwachskurve, in: Schulte, C. (Hrsg.): Lexikon der Logistik, München, Wien, Oldenbourg Verlag, 1999.

Sekine, K.; Diegruber, J.; Meister, B.: Produzieren ohne Verschwendung. Der japanische Weg zur schlanken Produktion, 2. Auflage, Landsberg am Lech, Verlag Moderne Industrie, 1995.

Sturm, R.: Allgemeine Betriebswirtschaftslehre, München, Wien, Oldenbourg Verlag, 2006, S. 433–438.

© Springer Fachmedien Wiesbaden 2015

F. Balsliemke, *Kostenorientierte Wertstromplanung,* essentials,
DOI 10.1007/978-3-658-08699-2

Wiegand, B.: Sehen lernen in der Produktion. Mit Wertstromdesign die Abläufe verbessern, in: Zeitschrift für wirtschaftlichen Fabrikbetrieb, 102. Jahrgang, Heft 1–2, 2007, S. 82–87.

Womack, J.P.; Jones, D.T.; Roos, D.: Die zweite Revolution in der Automobilindustrie. Konsequenzen aus der weltweiten Studie des Massachussetts Institute of Technology, 6. Auflage, Frankfurt, New York, Campus Verlag, 1992.

Lesen Sie hier weiter

Ingrid Göpfert, David Braun,
Matthias Schulz (Hrsg.)

Automobillogistik
Stand und Zukunftstrends

2., akt. u. erw. Aufl. 2013, XXII,
437 S. 121 Abb.
Softcover: € 59,99
ISBN 978-3-658-01581-7

Änderungen vorbehalten.
Erhältlich im Buchhandel oder beim Verlag.

Einfach portofrei bestellen:
leserservice@springer.com
tel +49 (0)6221 345-4301
springer.com